IQ-Training
für Kinder
2020

Altersklasse: 8 – 12 Jahre

3. Auflage
abwechslungsreich – spannend - effektiv

Aribert Böhme
Psychologische Beratung & Lerncoaching

Impressum

© Aribert Böhme
Alle Rechte liegen beim Autor
Düsseldorf, im Frühjahr 2020
E-Mail: Psychologische_Beratung_Boehme@gmx.de
Herstellung und Verlag: BoD- Books on Demand, Norderstedt
ISBN: 9783750411272

Danksagung

Das schöne Buchcover (Steinmotiv mit der berühmten Formel von Albert Einstein, $\mathbf{E=mc^2}$) wurde gestaltet von der 11-jährigen Schülerin, *Hannah-Lea B*. Herzlichen Dank.

Danksagung an meine aufmerksame Leserschaft

Ein ausdrücklicher Dank gilt auch einer aufmerksamen Leserin, die in ebenso berechtigter, wie konstruktiver Art und Weise auf einen kleineren Fehler im Datenbestand einer Teilaufgabe aufmerksam gemacht hatte, sodass dieser in dieser inzwischen 3. Auflage sogleich verbessert werden konnte.

Nicht zuletzt die in unserer Zeit leider immer häufiger zu konstatierende Beobachtung, dass Kritik – die zudem ebenso gewollt, wie notwendig ist – nicht selten in höchst destruktiver Form geäußert wird, hat dazu geführt, dass hier ganz ausdrücklich und anerkennend seitens des Autors dafür gedankt wird, dass die besagte Leserin ihren berechtigten Korrekturhinweis in einer Form mitgeteilt hat, die absolut lobenswert ist.

Bibliografische Information der Deutschen Nationalbibliothek

Die Deutsche Nationalbibliothek verzeichnet diese Publikation in der Deutschen Nationalbibliografie; detaillierte bibliografische Daten sind im Internet über http://dnb.d-nb.de abrufbar.

Vorwort

Liebe Kinder,

herzlich willkommen hier im Lernland für schlaue Kinder.

Schön, dass du dieses Buch in deinen Händen hältst.

Damit hast du eine kluge Entscheidung getroffen.

Dieses Trainingsbuch kann und wird dir dabei helfen viele Fähigkeiten zu trainieren, die du auch in der Schule immer wieder benötigst.

Hier in diesem IQ-Trainingsbuch findest du viele Übungen zu folgenden Themen:

- *Logik*
- *Sprache*
- *Rechnen*
- *Gedächtnistraining*

Vermutlich fragst du dich schon, was wohl diese merkwürdige Abkürzung „IQ“ bedeuten mag...?!

Hinter dieser Abkürzung verbirgt sich der Begriff „Intelligenzquotient“.

Wenn du nun denkst, dass du genauso schlau bist wie zuvor, dann hast du recht. Warum?

Nun, unter dem Begriff „Intelligenz“ kannst du dir vielleicht etwas Konkretes vorstellen. In der Alltagssprache benutzen Menschen dann oftmals solche Formulierungen wie z. B.:

Dieses Kind ist sehr schlau.
Dieses Kind ist sehr klug.
Dieses Kind ist sehr clever.

Bestimmt kennst du noch weitere Formulierungen, die alle miteinander zum Ausdruck bringen möchten, dass du über Fähigkeiten verfügst, die es dir ermöglichen, schwierige Situationen bzw. schwierige Aufgaben ohne fremde Hilfe selbstständig korrekt lösen zu können.

Den Begriff „Quotient" kennst du vermutlich schon aus dem Mathematik-Unterricht in der Schule?

Zur Erinnerung: Damit ist das Ergebnis einer Divisionsaufgabe gemeint, wie z. B.: 3600 : 60 = 60.

Der Begriff „Intelligenzquotient" (kurz: IQ) stellt – einfach gesagt – einen Zusammenhang her zwischen dem Lebensalter eines Menschen, und dessen Fähigkeit, Aufgaben selbstständig korrekt lösen zu können.

Was ist damit gemeint?

Hier ein konkretes Beispiel, das dir das Verständnis erleichtern wird:

Angenommen, ein acht Jahre altes Kind löst eine schwierige Aufgabe, die zumeist erst von einem zehnjährigen Kind korrekt gelöst werden kann, dann bedeutet das, dass das acht Jahre alte Kind diesbezüglich eine überdurchschnittliche Intelligenz besitzt, da es schon eine Aufgabe hat lösen können, die eigentlich erst für ältere Kinder (hier: Zehnjährige) entwickelt wurde.

Umgekehrt gilt: Angenommen, ein zehnjähriges Kind wäre nicht dazu in der Lage, eine Aufgabe korrekt zu lösen, die zumeist schon von achtjährigen Kindern richtig gelöst werden könnte, dann bedeutete das, dass dieses zehnjährige Kind über eine unterdurchschnittliche Intelligenz verfügt.

Ganz wichtig ist jedoch zu wissen, dass kein einziger Intelligenztest etwas über deinen Wert als Mensch aussagt.

Du bist – so oder so – ein wertvolles Kind, das über vielfältigste Fähigkeiten verfügt, die sich mit keinem Intelligenztest sinnvoll messen lassen.

Jedes Kind und auch jeder Erwachsene ist von Natur aus unterschiedlich.

Niemand, auch du, wurde vor der Geburt gefragt, ob sie oder er beispielsweise besonders gut rechnen kann, oder ob du vielleicht besondere Sprachfähigkeiten besitzt, oder ob ein Mensch künstlerisch begabt sein möchte?

Deshalb ist es sehr wichtig, dass du dich zwar darüber freuen darfst, wenn du beispielsweise besonders gut rechnen kannst, oder dass du vielleicht über gute Sprachfähigkeiten verfügst. Jedoch solltest du nicht den Fehler begehen, dich deshalb als besser oder wertvoller zu fühlen, als ein anderes Kind, das vielleicht in bestimmten Teilbereichen weniger gute Leistungen zeigt.

Klüger und besser ist es, wenn du daran denkst, dass eine gute Intelligenz vorwiegend nicht dein eigener Verdienst ist, sondern vielmehr ein Geschenk, das dir die Natur mit auf deinen Weg gegeben hat.

Von daher solltest du dankbar dafür sein, dass du von anderen Menschen als klug oder clever eingeschätzt wirst.

In diesem IQ-Trainingsbuch geht es also <u>nicht</u> darum einen Wettbewerb zwischen dir und anderen Kindern zu starten, mit dem Ziel, dass sich intelligentere Kinder womöglich anderen Kinder gegenüber überheblich verhalten, weil sie vielleicht bessere Testergebnisse erzielt haben.

Vielmehr wird dir dieses IQ-Trainingsbuch die Chance geben, viele Aufgaben frei und ungezwungen trainieren zu können, die dir auch in der Schule im weiteren Verlauf sehr nützlich werden könnten.

Bitte vergiss nicht:

Du lernst weder für deine Eltern, noch für deine LehrerIn oder für andere Menschen.

Du lernst einzig und allein für dich!

Du musst niemandem beweisen, dass du womöglich in bestimmten Schulfächern besser bist, als andere Kinder.

Wichtig ist vor allem, dass du mit Freude lernst.
Wichtig ist, dass du vor allem deswegen lernst, weil dich viele Themen wirklich interessieren.

Unsere gesamte Welt könnte sehr viel freundlicher und friedlicher sein, wenn die Menschen begreifen würden, dass es für uns alle sehr viel besser ist, wenn jeder Mensch genau die positiven Fähigkeiten zur Entfaltung bringen könnte, die ihm die Natur geschenkt hat.

Vielleicht bist du auch traurig darüber, dass schon in der Schule Kinder dazu angeleitet werden, Leistungsvergleiche zwischen sich und anderen Kindern anzustellen, mit dem Ergebnis, dass dann vor allem genau solche Kinder traurig sind, denen die Natur eben leider keine hohe Intelligenz geschenkt hat.

Als kluges Kind, das du vermutlich bist, wirst du verstehen, dass ein wirklich kluges Kind sich zwar über eigene, gute Leistungen freuen wird, es sich jedoch nicht über womöglich schwächere Leistungen anderer Kinder lustig machen wird. Das ist nicht nur unfair, sondern vor allem auch sehr dumm!

Also: Sei ein kluges Kind, und nutze dieses IQ-Trainingsbuch in dem Sinne, dass du deine eigenen Fähigkeiten verbessern möchtest, um somit auch in der Schule gute Chancen zu haben. Hüte dich bitte davor, andere Kinder zu beleidigen oder zu hänseln, falls diese teils schlechtere Testergebnisse erzielen, sondern freue dich vielmehr über deine eigenen, guten Ergebnisse, und nutze deine Intelligenz auch dazu, anderen Kindern zu helfen, denen die Natur leider eine etwas schwächere Intelligenz geschenkt hat.

Wie kannst du nun mit diesem IQ-Trainingsbuch sinnvoll arbeiten?

Zunächst einmal ist es wichtig, dass du diesen IQ-Test nur in einem ausgeruhten und entspannten Zustand durchführst. Falls du z. B. Stress in der Schule hast, Ärger mit deinen Eltern oder MitschülerInnen, falls du dich nicht gut fühlst usw., solltest du bitte auf jeden Fall eher einen Zeitraum wählen, der für dich besser geeignet erscheint.

Während du den IQ-Test durchführst, musst du bitte unbedingt darauf achten, dass du durch nichts und niemand gestört wirst. So wäre es beispielsweise sehr schlecht, wenn Geschwister oder Freunde dich während des Tests in deiner Konzentration störten. Ebenso solltest du bitte unbedingt darauf verzichten Musik zu hören oder Fernsehen zu schauen. Auch dein Smartphone solltest du während der Testzeit unbedingt komplett entfernen. Jede unnötige Störung schwächt deine Konzentration. Und genau diese ist bei der Durchführung dieses IQ-Tests sehr wichtig und unverzichtbar!

Je nach deiner persönlichen Arbeitsgeschwindigkeit wirst du für die vollständige Durchführung dieses IQ-Tests etwa vier bis fünf Stunden benötigen. Selbstverständlich darfst du dieses Trainingsbuch auch in kleineren Zeiteinheiten bearbeiten. Achte aber bitte darauf, dass keiner der Zeitabschnitte weniger als eine Stunde beträgt.

Falls du bei der einen oder anderen Aufgabe merkst, dass du absolut nicht weiterkommst, dann bearbeite einfach die jeweils nächste Aufgabe, damit du keine unnötige Zeit verlierst.

Sehr hilfreich wird es sein, wenn du deine Eltern darum bittest, dich bei der Durchführung dieses IQ-Trainingsbuchs zu unterstützen, indem deine Eltern darauf achten, dass die vorgegebenen Bearbeitungszeiten konsequent eingehalten werden. Ganz besonders wichtig ist, dass dir deine Eltern ansonsten keine Hilfen (z. B. Tipps zur Lösung) geben, denn das verfälscht natürlich das Testergebnis!

Welche Arbeitsmaterialien brauchst du zur Durchführung dieses IQ-Tests?

Außer einem Stift (Kugelschreiber, Füller oder Bleistift) darfst du ausschließlich deinen eigenen Kopf benutzen. In seltenen Fällen ist es bei einigen Aufgaben gestattet, dass du auch einen Schreibblock verwendest. Sollte das der Fall sein, wird in der betreffenden Testaufgabe ausdrücklich noch darauf hingewiesen.

Alle sonstigen Hilfsmittel, wie beispielsweise: Taschenrechner, Bücher, Schreibpapier, unterstützende Eltern oder ältere Geschwister usw. sind ausdrücklich verboten!

So, und nun kann's richtig losgehen...

Ich wünsche dir ganz viel Freude bei deiner Arbeit mit diesem IQ-Trainingsbuch sowie ein gutes und erfreuliches Testergebnis!

Und nochmals:

Bitte vergiss nicht: Wie immer auch dein Testergebnis ausfallen wird...

Du bist ein wertvolles und liebenswertes Kind.

Falls dein Testergebnis erfreulich ausfällt, darfst du dich voller Dankbarkeit darüber freuen.

Falls dein Testergebnis womöglich weniger gut ausfallen sollte, bedeutet das nicht, dass du kein wertvolles Kind bist, sondern lediglich, dass du deine Fähigkeiten in dem einen oder anderen Bereich in Zukunft noch deutlich verbessern kannst. Du schaffst das!

Wichtige Hinweise für deine Eltern

Liebe Eltern,

schön, dass Ihr Kind dieses IQ-Trainingsbuch bearbeiten möchte.

Das ist eine gute und lobenswerte Entscheidung!

Bitte bedenken Sie jedoch, dass es <u>nicht</u> Sinn und Zweck dieses IQ-Trainingsbuchs ist, Kinder dazu aufzufordern, sich in einen wechselseitigen Konkurrenzkampf um das womöglich beste Testergebnis zu begeben.

Das wäre kontraproduktiv, und ist hier ganz ausdrücklich <u>nicht</u> gewollt!

Vielmehr möchte dieses IQ-Trainingsbuch Ihrem Kind die Chance geben, vielfältige und typische Testaufgaben zu bearbeiten, wie sie im Rahmen diverser IQ-Tests in unterschiedlichen Situationen zum Einsatz kommen.

Primär geht es hier weniger darum möglichst viele Punkte zu sammeln, sondern vielmehr darum, auf eine ungezwungene und entspannte Art und Weise möglichst viele Testaufgaben bearbeiten zu können, um somit frühzeitig ein sicheres Gespür für zu erwartende Anforderungen entwickeln zu können.

Insofern sollten Sie bzw. Ihr Kind die ermittelten Testwerte allenfalls als eine grobe Orientierungshilfe verstehen; nicht jedoch als ein „in Stein gemeißeltes Ergebnis". Bitte bedenken Sie, dass es sich hierbei lediglich um eine Momentaufnahme handelt, die aus verständlichen Gründen von diversen Faktoren beeinflusst wird, auf die weder Sie, noch Ihr Kind einen signifikanten Einfluss haben.

Es liegt in der Natur der Sache, dass in dem hier primär als Zielgruppe avisierten Altersintervall von ca. 8 – 12 Jahren teils erhebliche

Unterschiede in den jeweils erreichten Entwicklungsstufen bestehen.

So werden beispielsweise die durchschnittlich zu erwartenden IQ-Werte zwischen achtjährigen und zwölfjährigen Kindern erheblich deutlicher voneinander abweichen, als dies in einem höheren Lebensalter bei Erwachsenen der Fall sein wird.

Von daher wird es so sein, dass manche der hier zu bearbeitenden Testaufgaben vor allem für jüngere Kinder relativ schwieriger zu lösen sein werden, da u. a. auch rein wissensmäßige Aspekte (z. B. Kenntnisse der Namen von bekannten Personen der Zeitgeschichte, geographische Kenntnisse usw.) mit in manche Aufgaben einfließen.

Dies sollten Sie bzw. Ihr Kind jedoch <u>nicht</u> als Benachteiligung wahrnehmen, <u>sondern</u> vielmehr als eine Chance – sozusagen „nebenbei" auch noch den eigenen Wissenspool ein wenig mit neuem Wissen auffüllen zu können.

Falls also Ihr Kind bei der einen oder anderen Aufgabe aus verständlichen Gründen sichtlich überfordert sein sollte, leiten Sie es bitte dazu an, in solchen Fällen einfach zur jeweils nächsten Aufgabe überzugehen.

Fundamental entscheidend wird sein, dass Ihr Kind dieses IQ-Trainingsbuch nicht als eine „zusätzliche Belastung" erlebt, sondern vielmehr als eine Möglichkeit, frei und ohne Druck vielfältigste Aufgaben trainieren zu können.

In diesem Sinne wünsche ich Ihrem Kind ein gutes Gelingen sowie viel Freude und spannende Stunden bei der Beschäftigung mit diesem IQ-Trainingsbuch.

Der Autor:

Aribert Böhme, Freiberufler seit 1988, bietet Dienstleistungen in folgenden Bereichen:

- Psychologische Beratung (Lernpsychologie, Familienpsychologie, Lebensberatung)
- Lerncoaching (Fernlehrgänge z. B.: SGD, ILS in den Fachbereichen Psychologische Beratung, Psychotherapie für Heilpraktiker usw.)
- Implementierung von Texten für Sachbücher in den Bereichen: Lernpsychologie, Psychologie, Pädagogik, EDV, Gesellschaft, Lebensweisheiten
- Coaching für Seniorinnen & Senioren (z. B. Gedächtnistraining)

Im Rahmen seiner freiberuflichen Dozententätigkeit hat der Autor bis dato (2019) ca. 9000 TeilnehmerInnen im Fachbereich EDV bei diversen, namhaften Instituten unterrichtet.

In seiner Funktion als Psychologischer Berater (SGD-Dipl.) bietet der Autor regelmäßig Klientensitzungen vor Ort für hilfesuchende Menschen in den Bereichen: Lebensberatung, Konfliktberatung, Familienpsychologie, Schulpsychologie sowie Lernpsychologie, an.

Bis dato (2019) hat der Autor 27 Titel im thematischen Umfeld von EDV, Lernpsychologie, Pädagogik, Gesellschaftskritik, Lebensweisheiten sowie drei Romane unter Pseudonym publiziert (inkl. einiger Auslandslizenzen für Frankreich, Polen und Russland). Zudem erfolgten Veröffentlichungen in namhaften Tageszeitungen (FAZ, Süddeutsche Zeitung, Rheinische Post usw.).

Seminare und Vorträge zu den Themen Motivationscoaching, Lernpsychologie, Lerntechniken, bietet der Autor sowohl als Firmenschulungen, wie auch als Privatseminare vor Ort an. Anfragen bitte grundsätzlich per E-Mail an:

Psychologische_Beratung_Boehme@gmx.de

Im Rahmen der Implementierung des vom Autor entwickelten NEURONET 2.0 im Umfeld der Neuroinformatik, mit dessen Hilfe Prognosen für Sportwetten erstellt werden können, erfolgte in den Jahren 2001 und 2002 eine ehrenvolle Aufnahme in die Who-is-Who-Lexika, Deutschland & Europa.

Düsseldorf, im Frühjahr 2020

Hauptgruppen für die IQ-Testaufgaben

A)   Sprachliche Intelligenz: Welches Wort passt nicht?

B)   Sprachliche Intelligenz: Gleiche Wortbedeutung?

C)   Sprachliche Intelligenz: Buchstabensalat

D)   Sprachliche Intelligenz: Buchstabengruppen

E)   Sprachliche Intelligenz: Buchstabenreihen

F)   Logisches Denken: Analogien

G)   Logisches Denken: Schlussfolgerungen

H)   Logisches Denken: Zahlenreihen ergänzen

I)   Logisches Denken: Zahlmatrizen

J)   Logisches Denken: Wochentage

K)   Logisches Denken: Unmögliches erkennen

L)   Logisches Denken: Meinung oder Tatsache?

M)   Mathematische Fähigkeiten: Kopfrechnen

N)   Mathematische Fähigkeiten: Rechenzeichen einsetzen

O)   Beobachtungsgabe: Welches Zeichen ist anders in einer Reihe?

P)   Merkfähigkeit: Wörter einprägen

Q)   Merkfähigkeit: Begriffe merken

R)   Merkfähigkeit: Adressen merken

S)   Merkfähigkeit: Texte einprägen, anschließend Fragen beantworten

T)   Interpretation von Statistiken

U)   Oberbegriffe finden

V)   Passende Begriffe finden

W)   Schnell Wörter finden

X)   Sinnlose Silben

Y)   Merkfähigkeit

Z)   Buchstabenrätsel

A) Sprachliche Intelligenz: Welches Wort passt nicht?

In dieser Rubrik geht es darum herauszufinden, welches der jeweils vier Wörter inhaltlich nicht zu jeweils drei anderen Wörtern passt?

Beispiel: Maurer – Fliesenleger – Lehrer – Konditor

Hier passt der Begriff „Lehrer" nicht. Begründung: Alle anderen genannten Berufe haben etwas mit dem Thema „Handwerk" zu tun. Die Berufsbezeichnung „Lehrer" ist hier der einzige Beruf, der nichts direkt mit dem Thema „Handwerk" zu tun hat.

1. Rudern – Segeln – Wasserski - Fußball
2. München – Tokio – Hannover - Hamburg
3. Schach – Dame – Mühle - Skat
4. Orgel – Flöte – Oboe - Trompete
5. Magen – Nieren – Haare - Leber
6. Tomate – Schokolade – Gummibärchen - Marzipan
7. Tiger – Meerschweinchen – Krokodil - Löwe
8. Schulhof – Aula – Lehrerzimmer - Wohnzimmer

Bearbeitungszeit: 2 Minuten

B)   Sprachliche Intelligenz: Gleiche Wortbedeutung?

In dieser Rubrik geht es darum herauszufinden, welches der jeweils vier angebotenen Wörter inhaltlich dem jeweils vorgegebenen Begriff am ehesten entspricht?

Beispiel: Angenommen, das vorgegebene Wort lautet „aufmerksam".

                 Zur Auswahl stehen folgende Begriffe:
                 großzügig – achtsam – konzentriert – beliebt

Lösung: Der Begriff „achtsam" stimmt am ehesten mit dem Begriff
                 „aufmerksam" überein.

Begründung: Die drei anderen Wörter beschreiben zwar ebenfalls positiv
                 besetzte Begriffe, jedoch ist die bedeutungsmäßige
                 Übereinstimmung am intensivsten mit dem Begriff
                 „achtsam".

9. riesig: massiv – hoch – groß - langgestreckt
10. zickig: verängstigt – bockig – lahm - unschuldig
11. flott: zügig – beschleunigt – bewegt - ansteigend
12. warten: ausharren – verlängern – vergrößern - ausruhen
13. schiefgehen: aufgeben – fehlschlagen – verkleinern - abbauen
14. pressen: zerquetschen – ablehnen – liebkosen - aufwerten
15. unsauber: zerstoßen – dreckig – kümmerlich - undurchsichtig
16. hinterhältig: unredlich – gemein – verschwiegen - gehemmt

Bearbeitungszeit: 2 Minuten

C)   Sprachliche Intelligenz: Buchstabensalat

In dieser Rubrik geht es darum herauszufinden, wie aus einem vorgegebenen „Buchstabensalat" wieder das ursprüngliche Wort gebildet werden kann?

Beispiel: R D A F H R A

Lösung: Hier lautet das gesuchte Wort „FAHRRAD".

17. R T O B T U T E R B
18. L T R E L A U N H
19. S M U K R N A L S E A
20. P E F A E M E R D P
21. N A S P R E H O T M
22. D S L E U E N T S E
23. H E N I H L C A F
24. L G U A S F U
25. G U S P G A N E O N
26. F H U A E B G A A U S

Bearbeitungszeit: 20 Minuten

D)   Sprachliche Intelligenz: Buchstabengruppen

In dieser Rubrik geht es darum herauszufinden, welche Buchstabengruppe nicht nach der gleichen Regel gestaltet ist, wie alle anderen?

Beispiel: Angenommen, es seien folgende Buchstabengruppen vorgegeben:

a)   ABCDE
b)   BCDEF
c)   CDEFG
d)   ZYXWV

Lösung: Hier wäre die richtige Antwort, Gruppe (d) – ZYXWV – passt nicht zu den anderen Buchstabengruppen. Begründung: Hier erfolgt die Sortierung der Buchstaben in alphabetisch absteigender Reihenfolge, wogegen alle anderen Buchstabengruppen alphabetisch aufsteigend sortiert vorliegen.

Bearbeitungszeit: 12 Minuten

Hinweis: Für diese Aufgabe darfst du ausnahmsweise auch einen Schreibblock verwenden, damit du dir als Bearbeitungshilfe das Alphabet aufschreiben kannst.

27.   AFJMO
EJNQS
INRUW
OSVXZ

28.   BAFEK
CUDIM
DFLUZ
GARET

29. CEGIK
BDFHJ
NPRTU
DFMSL

30. BDFHJ
CFILO
JLNPR
NPRTV

E) **Sprachliche Intelligenz: Buchstabenreihen**

In dieser Rubrik gilt es herauszufinden nach welchem Prinzip die jeweiligen Buchstabenreihen konstruiert sind, um dann entscheiden zu können, wie die jeweilige Buchstabenreihe logisch fortgesetzt werden müsste?

Beispiel: Angenommen, es sei folgende Buchstabenreihenfolge gegeben: a – e – i – m – q - ?

Lösung: Hier lautet die korrekte Fortsetzung: „u".

Begründung: Zwischen allen Buchstaben in der vorgegebenen Reihenfolge fehlen jeweils – alphabetisch aufsteigend – die drei folgenden Buchstaben. Von daher muss nach dem letzten hier vorgegebenen Buchstaben „q" geprüft werden, welche die drei dann folgenden Buchstaben in alphabetisch aufsteigender Folge wären, die es zu überspringen gilt. Hier wären das demnach die Buchstaben r – s – t, so dass die Folge mit dem Buchstaben „u" anstelle des Fragezeichens fortgesetzt werden müsste.

Hinweis: Für diese Aufgabe darfst du ausnahmsweise auch einen Schreibblock verwenden, damit du dir als Bearbeitungshilfe das Alphabet aufschreiben kannst.

Bearbeitungszeit: 15 Minuten

31.   e – f – g – h - ?
32.   q – s – u – w - ?
33.   b – f – j – p - ?
34.   c – f – i – l - ?
35.   b – c – g – t - ?

F)   Logisches Denken: Analogien

In dieser Rubrik geht es darum herauszufinden, welche Analogien (wechselseitigen Verhältnisse) zwischen vorgegebenen Begriffspaaren existieren?

Beispiel: laut : leise   Lärm : ?
              Bewegungslosigkeit – Stille – Geräusch – Flüstern

Lösung: Hier wäre es das Lösungswort „Stille", da es in einem
              analogen Verhältnis zum Begriff „Lärm" steht, wie der
              Begriff „leise" zum Begriff „laut".

Bearbeitungszeit: 2 Minuten

36. Sonntag : Wochentag   September : ?
    Tageszeit – Monat – Jahreszeit - Zeiteinheit
37. Max Giesinger : Musiker   Bremer Stadtmusikanten : ?
    Sportler – Märchengestalten – Vornamen - Filmstars
38. Autorin : Roman   Journalistin : ?
    Zeitungsartikel – Schriftsteller – Sachbuchautor - Filmemacher
39. Herzoperation : Chirurg   Klassenarbeit : ?
    Schulhof – Aula – Lehrerin – Lehrerkonferenz
40. Essen : Mund   Gehen : ?
    Beine – Springen – Fußnägel – Schuhsohlen
41. Nürnberg : Großstadt   Ratingen : ?
    Ort – NRW – Bundesland – Kleinstadt
42. Chemie : Naturwissenschaft   Spanisch : ?
    Lehrerin – Schülerin – Kartenspiel – Sprache
43. Schach – Läufer   Skat : ?
    Kartenspiel – Pikbube – Freizeitspaß – Skatblatt

G)   Logisches Denken: Schlussfolgerungen

In dieser Rubrik geht es darum logisch korrekte Schlussfolgerungen aus einer vorgegebenen Anzahl von Teilaussagen ziehen zu können.

Beispiel: Wenn A kleiner ist als B, und C kleiner ist als B, C jedoch
              größer ist als A, wer ist dann am größten?
Lösung: Hier wäre B die korrekt Antwort.

Bearbeitungszeit: 12 Minuten

44. Wo sind die Birnen am billigsten?
    Im Laden A sind die Birnen teurer als in B. In Laden D sind
    sie teurer als in C, aber billiger als in B.
45. Welcher Film dauert am längsten?
    Film A ist länger als Film C. Der Film D ist kürzer als der Film B.
    Der Film B ist länger als der Film A.
46. Wer ist am klügsten?
    Julia ist genauso klug wie Iris. Simone ist weniger klug als Julia.
    Barbara ist klüger als Julia.
47. Wer isst am meisten?
    Hermann isst mehr als Robert aber weniger als Max. Rüdiger isst
    weniger als Hermann, aber mehr als Robert.
48. Wer hat das beste Zeugnis?
    Angela hat ein besseres Zeugnis als Edwin, aber ein schlechteres
    Zeugnis als Franz. Das Zeugnis von Franz ist besser als das Zeugnis
    von Sandra. Angela hätte das beste Zeugnis, gäbe es Franz nicht.
49. Wie alt ist Sandra?
    Iris ist 11 Jahre älter als Tom. Tom ist 14 Jahre älter als Sebastian,
    der 34 Jahre alt ist. Sandra ist zwei Jahre jünger als Tom.
50. Wie viele Söhne gibt es?
    In einer Familie hat jeder Sohn dieselbe Anzahl von Schwestern wie
    Brüdern, und jede Schwester hat doppelt so viele Brüder wie
    Schwestern.

H)   Logisches Denken: Zahlenreihen ergänzen

In dieser Rubrik geht es darum, dass du die in den Zahlenreihen versteckten Muster entdeckst, nach denen die jeweils nächste Zahl eindeutig gebildet wird.

Beispiel: 2 – 4 – 6 – 8 – 10 – 12 - ?

Deine Aufgabe besteht nun darin herauszufinden, welche Zahl anstelle des Fragezeichens eingesetzt werden muss, damit das in dieser Zahlenreihe enthaltene Berechnungsmuster logisch konsequent fortgesetzt wird.

Lösung: Hier lautet das Berechnungsmuster: + 2
               Demnach lautet die gesuchte Zahl hier: 14

   51.   8 – 16 – 24 – 32 – 40 - ?
   52.   1 – 5 – 25 – 125 – 625 - ?
   53.   1 – 4 – 8 – 11 – 22 - ?
   54.   1 – 2 – 6 – 12 – 36 - ?
   55.   1 – 8 – 4 – 8 – 15 – 11 - ?
   56.   1 – 3 – 9 – 27 – 81 - ?
   57.   4096 – 2048 – 1024 – 512 – 256 - ?
   58.   1 – 4 – 16 – 64 – 256 - ?

Bearbeitungszeit: 16 Minuten

I) Logisches Denken: Zahlmatrizen

In dieser Rubrik gilt es herauszufinden, welches mathematische Prinzip einer vorgegebenen Matrix (tabellenartige Struktur) zugrunde liegt, so dass das jeweils fehlende Zahlenfeld logisch konsistent ergänzt werden kann.

Beispiel: Angenommen, es sei folgende Zahlenmatrix gegeben:

1	2	3
	5	6
7	8	9

Lösung: In das freie Zahlenfeld müsste hier die Lösungszahl 4 eingetragen werden, damit die zugrundeliegende Logik sowohl horizontal, als auch vertikal in sich schlüssig erhalten bleibt.

Bearbeitungszeit: 5 Minuten

59.

3	6	9
12	15	?
21	24	27

60.

12	24	?
48	60	72
84	96	108

61.

16384	8192	4096
2048	?	512
256	128	64

62.

5	10	15
?	25	30
35	40	45

63.

17	34	51
68	?	102
119	136	153

J) Logisches Denken: Wochentage

In dieser Rubrik geht es darum herauszufinden, welche Wochentage sich aus einer gegebenen Zeitbeschreibung logisch ableiten lassen?

Beispiel: Angenommen, die Aussage lautet:
Wenn heute Mittwoch ist, welcher Tag ist dann zwei Tage nach Übermorgen?

Lösung: Hier lautet die korrekte Antwort: Sonntag.
Begründung: Wenn heute Mittwoch ist, dann wäre übermorgen demnach Freitag. Zwei Tage nach Freitag ist dann also Sonntag.

Bearbeitungszeit: 6 Minuten

64. Vor drei Tagen war Freitag. Welcher Tag ist dann übermorgen?

65. In zwei Tagen wird Sonntag sein. Welcher Tag ist dann drei Tag nach vorgestern?

66. Vor vier Tagen war zwei Tage nach Samstag. Welcher Tag ist dann morgen?

67. Wenn vier Tage nach morgen Dienstag ist, welcher Tag ist dann zwei Tage nach übermorgen?

68. Welcher Wochentag wird vier Tage nach übermorgen sein, wenn gestern Samstag war?

K)   Logisches Denken: Unmögliches erkennen

In dieser Rubrik geht es darum Unmögliches zu erkennen.

Beispiel: Welche der folgenden Behauptungen ist richtig?

Es ist unmöglich, dass...

a)   … ein Mensch 110 Jahre alt wird.
b)   … ein Mensch ohne Sauerstoff länger als fünf Stunden überlebt.
c)   … ein Mensch ohne Nahrung länger als sieben Tage überlebt.
d)   … ein Mensch nur vier Finger an seiner linken Hand hat.
e)   … ein Mensch ohne Blinddarm überlebt.

Lösung: Hier wäre die korrekte Antwort unter dem Buchstaben b
                 zu finden. Begründung: Ja, es stimmt, dass ein Mensch ohne
                 Sauerstoff nicht länger als fünf Stunden überleben kann.

Bearbeitungszeit: 4 Minuten

69.   Es ist unmöglich, dass man die Zahl 12 (ohne Rest)...

a)   … durch 6 teilen kann.
b)   … durch 4 und durch 3 teilen kann.
c)   … durch mehr als zwei gerade Zahlen teilen kann.
d)   … durch 5 teilen kann.
e)   … durch sich selbst teilen kann.

70.   Es ist unmöglich, dass eine Grundschülerin der 4. Klasse...

a)   ... in allen Fächern die Note „sehr gut" auf einem Zeugnis hat.
b)   ... die Abiturprüfung ablegen darf.
c)   ... schneller läuft als der schnellste Junge in ihrer Klasse.
d)   ... alle Harry-Potter-Bücher kennt.
e)   ... Klavierkonzerte gibt.

71.   Es ist unmöglich, dass die größte zweistellige Zahl...

a)   ... mit 99 multipliziert werden kann.
b)   ... ohne Rest durch vier dividiert werden kann.
c)   ... verfünffacht wird.
d)   ... um den Wert 9999 erhöht wird.
e)   ... mehr als dreimal verdoppelt wird.

72.   Es ist unmöglich, dass ein Eisbär...

a)   ... Limonade trinkt.
b)   ... Schokolade futtert.
c)   ... ein Raumschiff bauen kann.
d)   ... sich auf einer Eisscholle wälzt.
e)   ... stärker ist als ein Wolf.

73.   Es ist unmöglich, dass...

a)   ... es klügere Mädchen gibt als Jungen.
b)   ... dass es größere Planeten als die Erde gibt.
c)   ... es Lehrerinnen gibt, die Chinesisch und Türkisch sprechen
d)   ... eine Galaxie mehr als eine Milliarde Sterne enthält.
e)   ... ein Mensch ohne Hilfsmittel länger als eine Stunde
        tauchen könnte..

L)   Logisches Denken: Meinung oder Tatsache?

In dieser Rubrik gilt es herauszufinden, ob es sich bei einer Aussage um eine Meinung oder um eine Tatsache handelt?

Beispiel: Angenommen, es seien folgende Aussagen gegeben:

a)   Blau ist eine sehr schöne Farbe.
b)   Ein Tag auf der Erde setzt sich aus 24 Stunden zusammen.

Lösung: a)   Meinung – nicht objektiv begründbar
                b)   Tatsache – objektiv belegbar gemäß Vereinbarung

Bearbeitungszeit: 2 Minuten

74.   Der Merkur ist kleiner als die Erde.
75.   Harry Potter ist der Name einer Kinderbuchfigur.
76.   Himbeersaft schmeckt köstlich.
77.   Das Gehirn von Frauen ist durchschnittlich leichter als das von Männern.
78.   Der Mount Everest ist der höchste Berg auf der Erde.
79.   Marzipan schmeckt besser als Schokoladeneis.
80.   Nürnberg ist die schönste Stadt in Franken.
81.   Mädchen sind durchschnittlich sprachbegabter als Jungen.
82.   Es gibt mehr Jungen, die Informatik studieren, als Mädchen.
83.   Blaue T-Shirts sind schöner als gelbe T-Shirts.

M)   Mathematische Fähigkeiten: Kopfrechnen

In dieser Rubrik werden deine Fähigkeiten im Kopfrechnen getestet. Zur Bearbeitung dieser Aufgaben sind keinerlei zusätzliche Hilfsmittel (Papier, Bleistift, Taschenrechner usw.) erlaubt. Einzig deinen Kopf darfst du zur Lösung der folgenden Aufgaben verwenden.

Bearbeitungszeit: 10 Minuten

84. $14 + 22 + 36 = ?$
85. $1214 - 251 + 123 = ?$
86. $49 * 3 * 5 = ?$
87. $2048 / 128 = ?$
88. $(18 * 9 + 4) - 17 = ?$
89. $(333 + 21 * 4) * 2 = ?$
90. $1234 - 599 + 29 = ?$
91. $(29 + 39 * 2) - (36 / 6) = ?$
92. $8 + 88 + 888 + 8888 = ?$
93. $757 - (21 * 5) - 190 = ?$

N) Mathematische Fähigkeiten: Rechenzeichen einsetzen

In dieser Rubrik geht es darum herauszufinden, welche Rechenzeichen (+ - * /) jeweils anstelle der Fragezeichen (?) in eine Aufgabe eingesetzt werden müssen, so dass das vorgegebene Ergebnis korrekt ist.

Legende: ?   Ist der Platzhalter für das erste Operationszeichen
           ??   Ist der Platzhalter für das zweite Operationszeichen
           ???   Ist der Platzhalter für das dritte Operationszeichen
           ????   Ist der Platzhalter für das vierte Operationszeichen

Beispiel: $49 ? 35 = 84$

Lösung: Hier müsste das Additionszeichen (+) anstelle des
            Fragezeichens eingesetzt werden, so dass die vorgegebene
            Lösung stimmt.

Bearbeitungszeit: 15 Minuten

94. $25 ? 5 = 5$
95. $222 ? 21 = 201$
96. $4 ? 5 ?? 10 = 30$
97. $(15 ? 6) ?? 90 = 0$
98. $111 ? 222 ?? 333 ??? 444 = 222$
99. $(100 ? 5 ?? 100) ??? (50 ???? 2) = 300$
100. $9 ? 99 ?? 999 ??? 9999 ???? 1106 = 10000$
101. $(4096 ? 2) ?? (10 ??? 10 ???? 10) = 7192$
102. $(10000 ? 2 ?? 2 ??? 2) ???? 250 = 1000$

O) Beobachtungsgabe: Welches Zeichen ist anders in einer Reihe?

In dieser Rubrik wird deine Beobachtungsgabe überprüft. Dabei gilt es möglichst schnell zu erkennen, welches Zeichen in einer vorgegebenen Reihe von der Originalreihe abweicht?

Beispiel: Angenommen, folgende Originalreihe sei vorgegeben:

DSFLÖKÖLFKÖLWEIROPIEWPORIPOEIPOKFÖLDKFÖLKDÖLWPUI

Hier nun die zu überprüfende Reihe:

DSFLÖKÖLFKÖLWEIROPIEWPORIPOEIPOKFÖLDKEÖLKDÖLWPUI

Lösung: Hier wurde der Buchstabe „F" durch ein „E" ausgetauscht.

DSFLÖKÖLFKÖLWEIROPIEWPORIPOEIPOKFÖLDK**E**ÖLKDÖLWPUI

Bearbeitungszeit: 2 Minuten

103.   RZGLLLKOTZHBNMNKLÖDFGWERPOIUHHHGJIUUKLMNN
       RZGLLLKOTZHBNMNKLÖDFGWERPOIUHHHGIIUUKLMNN

104.   YXCBNMEWRUIOASDFÖKÖLSDFÖWLERUJOIASNWERUIO
       YXCBNMEWRUIOASDFÖKÖLSDFÖWLEPUJOIASNWERUIO

105.   WQEUIOGKFLÖSDKFLÖKDÖLFKÖSRIWEPORIPONFMGDG
       WQEUIOGKFLÖSDKFLÖKDÖLFKÖSRIWEPORIPOMFMGDG

106.   ASDFJGKLDFKGJLKFJDLGKRIEORIPEWVXCNMVNXCMC
       ASDFJGKLDFKGJLKBJDLGKRIEORIPEWVXCNMVNXCMC

107. POIIOWEURIOEUWDSJFKLSDFUERIOEWQETRQTWEZREU
POIIOWEURIOEUWDSJFKLSDFUERIÖEWQETRQTWEZREU

108. MNBXNMCYBMNXCBSAHDJHASKJDHJKASHKJDEUWIEU
MNBXNMCYBMNXCBSAHDJHASLJDHJKASHKJDEUWIEU

109. DASFDGHSFAGDSDHFKJHSDKJFHKJFGURTIERUITUEIRUI
DASFDGHSFAGDSDHFKJHSDKJFHKJFGURTIERUIFUEIRUI

110. ZWEUZRIUERIPORETIPOREITPOEIRTNXCVMNMCVMCWE
ZWEUZRIUERIPORETIPOREITPOEIRTNXCVNNMCVMCWE

111. YDRTHNJKOIUZTREWWPPOIUZZNUHDFTWLPOFKITSUHK
YDRTHNJKOIUZTREWVPPOIUZZNUHDFTWLPOFKITSUHK

## P)	Merkfähigkeit: Wörter einprägen

In der folgenden Rubrik geht es darum, dass du dir möglichst schnell viele vorgegebene Begriffe einprägst, zu denen dann anschließend einige Fragen gestellt werden.

Beispiel:	Angenommen, es sei folgende Tabelle mit Begriffen vorgegeben:

Zeit zum Einprägen:	1 Minute. Bitte erst nach der Einprägezeit umblättern.

Lebensmittel	*Automarke*	*Unterrichtsfach*	*Mädchenname*
Brot	BMW	Physik	Barbara
Käse	OPEL	Englisch	Iris
Wurst	FORD	Kunst	Heike
Marmelade	MERCEDES	Musik	Sandra

Frage: In welcher Rubrik beginnt ein Begriff mit dem Buchstaben „H"?

Lösung: In der Rubrik „Mädchenname" beginnt der Begriff „Heike" mit dem Buchstaben „H".

112.

Beruf	Fluss	Hauptstadt	Märchen der Gebrüder Grimm
Maler	Elbe	Paris	Brüderchen und Schwesterchen
Rechtsanwalt	Main	Stockholm	Froschkönig
Tierpflegerin	Düssel	Peking	Rapunzel
Bäckerin	Weser	London	Tischlein deck dich

Zeit zum Einprägen: 2 Minuten. Bitte erst nach der Einprägezeit umblättern.

112 a) In welcher Spalte steht eine Hauptstadt, deren zweiter Buchstabe der Vokal „e" ist?

112 b) Wie lautet die Berufsbezeichnung, die aus 13 Buchstaben besteht?

112 c) In welcher Zeile (ohne Überschriftszeile) befindet sich ein Märchen der Gebrüder Grimm, das mit dem Buchstaben „F" beginnt, und wie lautet die genaue Bezeichnung?

112 d) Wie lauten die Namen der drei Flüsse, die mit einem Konsonanten beginnen?

Bearbeitungszeit: 2 Minuten

113.

Farbe	Bundesland	Planet	Automarke	Maßeinheit
grün	Bremen	Uranus	BMW	Meter
rot	Bayern	Venus	OPEL	Kilogramm
gelb	NRW	Erde	FORD	Liter
grau	Sachsen-Anhalt	Mars	FIAT	Hektar
blau	Sachsen	Jupiter	MERCEDES	Km/h
schwarz	Hamburg	Saturn	VW	Kubikmeter
orange	Rheinland-Pfalz	Neptun	TOYOTA	Zentimeter

Einprägezeit: 3 Minuten. Bitte erst umblättern, nachdem die Einprägezeit vorbei ist.

113 a) Wie lautet der Name des Planeten, der (ohne Überschriftszeile) in der dritten Zeile genannt wird?

113 b) Welche Farbe steht in der siebten Zeile (ohne Überschriftszeile)?

113 c) Welche Maßeinheit wird in der zweiten Zeile (ohne Überschriftszeile) der Spalte „Maßeinheit" genannt?

113 d) Wie lautet der Name der Automarke, die mit einem Vokal beginnt?

113 e) Welches Bundesland wird in der fünften Zeile (ohne Überschriftszeile) genannt?

113 f) In welcher Zeile (ohne Überschriftszeile) beginnen genau zwei Begriffe mit dem Buchstaben „B", und wie heißen diese?

Bearbeitungszeit: 3 Minuten

114.

Natürliche Zahlen: Das sind alle Zahlen, die größer als 0 sind, und die keine Nachkommastellen haben, wie z. B.: 1 – 2 – 3 – 4 – usw.

Primzahlen: Das sind alle Zahlen, die nur durch sich selbst und durch 1 ohne Rest geteilt werden können: 2 – 3 – 5 – 7 – 11 – 13 – 17 usw.

Quadratzahlen: Das sind alle Zahlen, die mit sich selbst multipliziert werden, wie z. B.: 1 x 1 = **1**; 2 x 2 = **4**; 3 x 3 = **9**; 4 x 4 = **16** usw.

Natürliche Zahlen	Primzahlen	Quadratzahlen
375	17	81
412	7	9
169	23	16
334	19	144
761	23	25
777	5	169
180	47	324
123	71	400
333	79	36
410	59	100

Einprägezeit: 7 Minuten. Bitte erst umblättern, nachdem die Einprägezeit vorbei ist.

114 a) Welche Quadratzahl ist als einzige identisch mit einer der genannten Natürlichen Zahlen?

114 b) Welche der genannten Primzahlen taucht nicht in der Tabelle auf?
47 – 79 – 29

114 c) Wie lauten die beiden „Schnapszahlen" in der Rubrik der Natürlichen Zahlen? (*Schnapszahlen*: Das sind Zahlen, die komplett nur aus gleichen Ziffern bestehen, wie z. B.: 111, 222 usw.)

114 d) Wie lautet die Quadratzahl, die mit der Ziffer 4 beginnt?

114 e) Welche Primzahl steht in der drittletzten Zeile?

114 f) Wie lauten die drei Natürlichen Zahlen, die jeweils mit der Ziffer 1 beginnen?

114 g) Welche Quadratzahl steht in der sechsten Zeile (ohne Überschriftszeile)?

114 h) Welche der genannten Primzahlen hat die Quersumme 14?

Bearbeitungszeit: 3 Minuten

Q)   Merkfähigkeit: Begriffe merken

Auch in der folgenden Rubrik geht es darum, dass du dir möglichst viele Begriffe in möglichst kurzer Zeit einprägst. Anschließend werden dann Fragen zu den zuvor eingeprägten Begriffen bzw. zu deren Positionen innerhalb der jeweiligen Tabelle gestellt.

Beispiel:

Pappel	Schumann	Quark	Tanne
Kunst	Chemie	Buche	Informatik
Beethoven	Erdbeeren	Philosophie	Schubert
Spanisch	Erle	Dinkelbrot	Trauerweide
Marmelade	Chopin	Mahler	Gemüse

Einprägezeit: 3 Minuten

Nachdem du dann die obige Tabelle abgedeckt hast, sollten folgende Fragen beantwortet werden:

- In welcher Spalte befindet sich das Schulfach mit dem Anfangsbuchstaben „C"?
- In welchen Spalten befinden sich zwei Namen von berühmten Komponisten, deren Anfangsbuchstaben ein „S" sind?
- Welches Lebensmittel wird in der vierten Spalte genannt?
- In der wievielten Zeile befindet sich das Schulfach mit dem Anfangsbuchstaben „P"?

Lösungen:

- Das Schulfach Chemie befindet sich in der zweiten Spalte.
- Die Komponisten Schumann und Schubert befinden sich in den

Spalten zwei und vier.
- Das Lebensmittel in der vierten Spalte ist Gemüse.
- Das Schulfach mit dem Anfangsbuchstaben „P" (Philosophie) befindet sich in der dritten Zeile.

115.

grün	Hammer	Finnland	Bücherei	schwer
Erdkunde	Rom	Ostern	Lehrbuch	Silvester
Basketball	Dortmund	Skat	Nudeln	Buchautor
Kinderarzt	Poster	Wein	Bild	Orthopädin
Verkäuferin	Kartoffeln	Salzstangen	Allerheiligen	Medizin
Astrophysik	Nikolaus	Mühle	Frankfurt	Handball
Karsamstag	Gedicht	Sozialkunde	Marseille	Informatik
leicht	Abakus	Brasilien	Fan	blau

Einprägezeit: 7 Minuten

Bitte erst umblättern, nachdem die Einprägezeit abgelaufen ist.

115 a) In der wievielten Zeile befindet sich der Begriff „Kartoffeln"?
115 b) Welches Lebensmittel wird in der vierten Spalte genannt?
115 c) In welcher Zeile wird der Begriff „Kinderarzt" genannt?
115 d) Welcher Ort wird in der dritten Zeile der zweiten Spalte genannt?
115 e) Wie heißt das Land in der achten Zeile?
115 f) Welches Wort in der ersten Spalte beginnt mit „A"?
115 g) Welche Stadt wird in der sechsten Zeile genannt?
115 h) Welches Wort der fünften Spalte beginnt mit „I"?
115 i) Welche beiden Farben werden in der Tabelle genannt?
115 j) Welches christliche Fest wird in der dritten Spalte genannt?

Bearbeitungszeit: 4 Minuten

R) Merkfähigkeit: Adressen merken

In dieser Rubrik geht es darum, dass du dir zunächst folgende Adressen (komplett) einprägst. Anschließend werden verschiedene Fragen zu bestimmten Details gestellt, die du dann aus deinem Gedächtnis beantworten sollst.

Bitte beachte, dass du erst auf die nächste Seite umblätterst nachdem die Einprägezeit von insgesamt 15 Minuten vollständig abgelaufen ist.

116.

Susanne Mend, 34 Jahre **Bäckerin** **Hollstraße 27** **20800 Hamburg**	**Hermann Schuster, 79 Jahre** **Rentner** **Markstraße 55** **80340 München**
Dr. Fred Schenk, 59 Jahre **Chirurg** **Klemmstraße 71** **10540 Berlin**	**Elfriede Zuck, 64 Jahre** **Bibliothekarin** **Waldstraße 3** **40230 Düsseldorf**
Tanja Sonseck, 21 Jahre **Studentin** **Goethestraße 49** **50280 Köln**	**Edwin Groll 46 Jahre** **EDV-Dozent** **Ortlaubstraße 29** **60450 Frankfurt**
Herbert Frohn, 81 Jahre **Privatier** **Saalbachstraße 89** **70200 Stuttgart**	**Sebnem Güklü, 34 Jahre** **Flugbegleiterin** **Palmenstraße 32** **30560 Hannover**
Senta Mohlau, 36 Jahre **Designerin** **Bergstraße 45** **51080 Köln**	**Thomas Martens, 51 Jahre** **Tischler** **Benzstraße 9** **10520 Berlin**

116 a) Welche Person wohnt in der Ortlaubstraße 29?
116 b) Wie alt ist Dr. Fred Schenk?
116 c) Welchen Beruf hat Senta Mohlau?
116 d) In welcher Straße wohnt Elfriede Zuck?
116 e) Wer wohnt in 10520 Berlin?
116 f) In welcher Stadt (inkl. PLZ) wohnt der Privatier?
116 g) Welche Person ist 21 Jahre alt?
116 h) Wie lautet der Name der Bäckerin?
116 i) Wer wohnt in der Palmenstraße 32?
116 j) Welchen Beruf hat Edwin Groll?

Bearbeitungszeit: 5 Minuten

S) Merkfähigkeit: Texte einprägen, anschließend Fragen beantworten

In der folgenden Rubrik geht es darum, dass du dir zunächst einen vorgegebenen Text innerhalb einer vorgegebenen Zeit (3 Minuten) einprägst. Anschließend blätterst du bitte um zu den Fragen, die du dann detailliert beantworten solltest.

117.

Sensationsfund am Tipler-Gymnasium in Alienstadt

Am 11.11.2019 entdeckten zwei 11-jährige Schülerinnen des Tipler-Gymnasiums in Alienstadt während einer Pause in einem Gebüsch des Schulhofs einen merkwürdig ausschauenden Unterarm, der einerseits mit Haut überzogen war, zugleich jedoch im Inneren mehrere elektronische Bauteile enthielt. Der sogleich hinzugerufene Direktor, Herr Dr. Merkwürdig, dachte zunächst an einen Streich einiger Jugendlicher. Nachdem dieses merkwürdige Objekt im „Institut für außerirdisches Leben" von Prof. Dr. Seltsam untersucht worden war, stellte sich heraus, dass es sich bei diesem Unterarm offenbar um eine außerirdische Lebensform handelt. Angeregt durch diesen Sensationsfund richtete der Direktor eine Projektgruppe ein, an der sich alle interessierten SchülerInnen dieses Gymnasiums beteiligen konnten. Binnen kurzer Zeit nahmen 84 SchülerInnen an der Projektgruppe Exolive teil. Regelmäßig werden nun an jedem ersten Samstag im Monat Vorträge zum Thema „Außerirdisches Leben" angeboten, an denen schon im ersten Monat 120 SchülerInnen anderer Schulen teilnahmen. Die beiden Schülerinnen, die diesen Sensationsfund gemacht hatten, Hannah Held und Iris Schlau, werden demnächst bei JUGEND FORSCHT teilnehmen, um dort einen selbstgebauten Roboter vorzustellen. Hannah möchte nach ihrem Abitur Informatik studieren, und Iris Schlau möchte gern Astrophysikerin werden. Im Kunstunterricht von Frau Kreativ wurde ein Alien-Logo gebastelt, das nun über der Eingangstür des Gymnasiums hängt.

117 a) An welchem Datum wurde der Sensationsfund gemacht?

117 b) Wie lautet der Name der Schule?

117 c) Wo genau wurde der Sensationsfund gemacht?

117 d) Wie heißt der Direktor der Schule?

117 e) Wo genau wurde das Sensationsobjekt untersucht?

117 f) Wer untersuchte das Sensationsobjekt im Institut?

117 g) Wie lautet der Name der Projektgruppe?

117 h) Wie viele SchülerInnen nahmen an der Projektgruppe teil?

117 i) Wann wurden die Vorträge zum Thema „Außerirdisches Leben" angeboten?

117 j) Wie lauten die Namen der beiden Mädchen, die den Sensationsfund gemacht hatten?

117 k) Welche Berufswünsche haben die beiden Mädchen?

117 l) Wie heißt die Kunstlehrerin?

Bearbeitungszeit: 8 Minuten

T) Interpretation von Statistiken

In dieser Rubrik geht es darum zu zeigen, ob bzw. inwieweit du dazu in der Lage bist, Statistiken korrekt zu verstehen, um somit wichtige Informationen daraus ableiten zu können.

118.

	Sprinten	Weitsprung	Hochsprung	Weitwurf	Langlauf	Klettern
Mara	34	47	33	62	80	22
Ole	22	43	98	11	56	34
Hannah	76	64	90	82	54	48
Tim	55	87	44	39	74	96

a) Welche(r) SchülerIn hat insgesamt die wenigsten Punkte in den sechs Wettbewerben erzielt?
b) Welche beiden Schüler haben im Hochsprung die wenigsten Punkte erzielt?
c) Welche(r) SchülerIn hat die geringste Streuungsbreite (damit ist die Differenz zwischen dem kleinsten und dem größten Punktwert gemeint) über alle sechs Wettbewerbe?
d) Welcher Wettbewerb hat insgesamt die höchste Punktzahl?

Bearbeitungszeit: 12 Minuten

119.

In der folgenden Tabelle sind die Durchschnittstemperaturen für acht Städte in vier aufeinanderfolgenden Jahren aufgelistet.

	2016	*2017*	*2018*	*2019*
A	9	10	8	11
B	7	7	12	9
C	4	2	6	3
D	12	14	11	14
E	10	9	15	13
F	8	8	6	9
G	15	17	14	15
H	6	6	7	8

a) In welchem Jahr herrschten insgesamt die niedrigsten Durchschnittstemperaturen?
b) Welche Stadt war durchschnittlich die wärmste?
c) Welche beiden Städte hatten im Jahr 2017 die niedrigsten Durchschnittstemperaturen?
d) Welche Stadt hatte insgesamt die niedrigste Durchschnittstemperatur?

Bearbeitungszeit: 10 Minuten

U)   Oberbegriffe finden

In der folgenden Rubrik geht es darum herauszufinden, welche Begriffe in der linken Spalte jeweils passende Oberbegriffe zu den in der rechten Spalte genannten Wörtern sind?

Beispiel:

Wassersport	**Barbara**
Wetterphänomen	**Zugspitze**
Vorname	**Segeln**
Fluss	**Wirbelsturm**
Berg	**Rhein**

Hier wäre die korrekte Zuordnung wie folgt:

Wassersport	===>	Segeln
Wetterphänomen	===>	Wirbelsturm
Vorname	===>	Barbara
Fluss	===>	Rhein
Berg	===>	Zugspitze

120.

Politiker	Jupiter
Hauptstadt	Nürnberger Lebkuchen
Fluss	Croissant
Moderator	Frank Tipler
Kulinarische Spezialität	Paris
Alkoholisches Getränk	Hängepartie
Astrophysiker	Kai Pflaume
Sängerin	Astrid Lindgren
Komponist	München
Stadt in Holland	Robert Habeck
Gebirge	Lena
Planet	Eierlikör
Begriff aus dem Schachsport	Elbe
Autorin	Rotterdam
Backware	Beethoven
Landeshauptstadt	Himalaya

Bearbeitungszeit: 4 Minuten

121.

Tierfilmer	Gary Moore
Theologe	Augsburg
Fußballer	Rembrandt
Schachweltmeister	Arial
Edelstein	Magnus Carlsen
Naturkatastrophe	Merlot
Rechenart	Trauerweide
Lexikon	Heinz Sielmann
Wintersportort	Abakus
Politikerin	Wolfgang Huber
Elektronisches Bauteil	Cochem
Berühmter Gitarrist	Manuel Neuer
Stadt in Süddeutschland	Katja Kipping
Baumart	Oberstdorf
Destruktives Gefühl	Diamant
Weinsorte	Division
Berühmter Maler	Meyers
Tageszeitung	Erdbeben
Rechenhilfsmittel	Kondensator
Ort an der Mosel	der Freitag
Schrifttyp	Missgunst

Bearbeitungszeit: 4 Minuten

V) Passende Begriffe finden

In der folgenden Rubrik geht es darum, dass du zu einem vorgegebenen Oberbegriff aus einer Liste exakt nur solche Wörter herausfindest, die zu dem vorgegebenen Oberbegriff passen.

Beispiel:

Angenommen, der Oberbegriff lautet „Schule". Gegeben sei folgende Liste:

Schulhof – Lehrerin – Kino – Schulranzen – Federmäppchen – Schwimmbad – Sommerferien – Mitschülerin – Noten – Zeugnis – Fahrradsattel – Pausengong – Klassenarbeit – Erdbeereis – Schokolade – Lehrerpult – Lehrerzimmer – Nachhilfeunterricht – Reitsport - Aula

Hier lauten die korrekten Wörter, die allesamt dem Oberbegriff „Schule" zugeordnet werden können:

Schulhof, Lehrerin, Schulranzen, Federmäppchen, Sommerferien, Mitschülerin, Noten, Zeugnis, Pausengong, Klassenarbeit, Lehrerpult, Lehrerzimmer, Nachhilfeunterricht, Aula

122. Der vorgegebene Begriff lautet „Deutsche Großstädte":

Gegeben ist folgende Liste:

Hamburg – Bitburg – Prag – Hilden – Duisburg – Warschau – Bremen – Leipzig – Kitzingen – Venlo – Paris – Stuttgart – Monschau – Norderstedt – Marseille – Bombay – Toronto – Gelsenkirchen – Nürnberg – Düsseldorf – Meersburg – Kopenhagen – Brüssel – Dortmund – Swansea – Köln – Sinspelt – Bern – Wien – Norden – Berlin – Oslo – Genf – Bonn – Rostock – Freiberg – Kairo – Istanbul – Münster – Mainz – Frankfurt – Lyon - Mannheim
Bearbeitungszeit: 2 Minuten

123.

Der vorgegebene Begriff lautet „Kubikzahlen":

Kleine Hilfe: Eine Kubikzahl entsteht, wenn du eine natürliche Zahl in folgender Art und Weise zweimal mit sich selbst multiplizierst, so dass die Ausgangszahl genau dreimal in der Rechenaufgabe wie folgt auftaucht:

Angenommen, es soll die Kubikzahl der Zahl 2 berechnet werden.

Dann musst du wie folgt rechnen:

2 x 2 x 2 = 8

Also lautet die Kubikzahl von 2 demnach 8.

Bei den folgenden Zahlen sollst du nun bitte herausfinden, ob die jeweils hier genannte Zahl tatsächlich eine Kubikzahl ist, die auf die hier oben beschriebene Art und Weise entstanden sein kann?

Gegeben ist folgende Liste:

5 – 18 – 1 – 29 – 37 – 8 – 27 – 64 – 99 – 125 – 88 – 67 – 13 – 11 – 216 – 333 – 390 – 343 – 77 – 512 – 2000 – 999 – 808 – 729 – 55 – 33 - 1000

Bearbeitungszeit: 20 Minuten

W) Schnell Wörter finden

In dieser Rubrik geht es darum zu vorgegebenen Ausgangsbedingungen möglichst viele Wörter aufzuschreiben.

Beispiel: Angenommen, die Ausgangsbedingung lautet:
             Schreibe möglichst viele Wörter auf, die mit dem
             Anfangsbuchstaben **B** beginnen.

             Dann könnte deine Liste z. B. wie folgt aussehen:

             Baum – Bus – Bär – Brot – Buche – Bild – Bochum – Boot
             usw.

<u>Hinweis:</u> Zur Bearbeitung dieser Aufgabe darfst du einen Schreibblock verwenden.

124.   a)   Schreib' nun binnen einer Minute möglichst viele Wörter
            auf, die mit dem Buchstaben „K" beginnen.
       b)   Schreib' bitte binnen einer Minute möglichst viele Wörter
            auf, deren dritter Buchstabe ein „f" ist.
       c)   Schreib' nun binnen einer Minute möglichst viele
            Adjektive auf, deren Anfangsbuchstabe ein „w" ist.

X)   Sinnlose Silben

In dieser Rubrik geht es darum, dass du dir möglichst viele „sinnlose"
Silben einprägst, die dann anschließend – nach einer dreiminütigen
Wartezeit – überprüft werden. Sinn und Zweck dieser Aufgabe ist es, deine
Gedächtnisfunktion zu überprüfen.

125.   Präge dir bitte zunächst möglichst viele der nachfolgenden
        Silben ein. Für diesen Einprägevorgang stehen dir insgesamt
        fünf Minuten zur Verfügung.

ghj	rtz	jjl
wrr	tzt	hjk
dfg	kjh	wsc
qsc	ppl	wwt
vvb	nmn	xxc
ukk	qqk	ztz
bvc	xyx	ttm
ftb	ppw	njj
wxc	rnz	qmq
vvx	zhg	bpb

Nachdem die fünf Minuten Einprägezeit zzgl. der Wartezeit von drei
Minuten vorbei sind, blätterst du bitte um auf die nächste Seite.

Bitte achte unbedingt darauf, dass du während der Wartezeit keinen Blick
mehr auf die vorherige Tabelle mit den sinnlosen Silben wirfst; das ist
ausdrücklich so gewollt.

Markiere nun in der folgenden Tabelle genau die zehn Silben, die in der vorherigen Tabelle tatsächlich vorgekommen sind.

Bearbeitungszeit: 3 Minuten

uur	ppl	yop
llk	kks	hjk
wii	wmj	aik
dfg	qqk	xxc
oop	wpl	lld
tli	qkv	wmj
rrm	soi	doi
qiq	emb	sin
ukk	rnz	fkh
tzt	nmn	njj

Y)   Merkfähigkeit

In der folgenden Rubrik wird deine Merkfähigkeit getestet. Zunächst solltest du dir möglichst viele Informationen binnen drei Minuten einprägen.

Anschließend blätterst du bitte auf die nächste Seite um, und beantwortest dann alle gestellten Fragen.

126. PolitikerInnen   :   Kipping – Altmaier – Gabriel
                                  Lindner – Gauland - Habeck

      Chemisches Element :   Silber – Neon – Bor
                                  Schwefel – Stickstoff

      Baumart   :   Mammutbaum – Erle – Eiche –
                                  Pappel - Tanne

      Sportler   :   Messi – Kimmich – Langer
                                  Ronaldo – Ribéry

      Beruf   :   Lehrerin– Designerin – Mechatroniker
                                  Architekt – Buchhändlerin

      Planet   :   Erde – Mars – Saturn
                                  Merkur – Venus

      Getränk   :   Limonade – Milch – Kakao
                                  Apfelsaft – Orangensaft

Bearbeitungszeit für alle folgenden Teilaufgaben: 3 Minuten

a)   Der Name welcher Sportler beginnt mit dem Buchstaben „R"?
b)   Welche der genannten chemischen Elemente beginnen mit „S"?
c)   Welcher Getränkename endet mit dem Buchstaben „o"?
d)   Welche Planeten beginnen mit dem Buchstaben „M"?
e)   Welcher Beruf enthält nicht den Buchstaben „n"?
f)   Welcher Politikername bestehen aus genau sechs Buchstaben?
g)   Welche Baumnamen beginnen nicht mit einem Vokal?
h)   Welche Sportlernamen enthalten genau sechs Buchstaben?
i)   Welche chemischen Elemente enden mit dem Buchstaben „r"?
j)   Welche Baumart hat an der zweiten Stelle keinen Vokal?

Z) Buchstabenrätsel

127. In dieser Rubrik sollen insgesamt vier Buchstabenrätsel von dir gelöst werden, die wie folgt gestaltet sind: Bei jedem Rätsel soll ein deutsches Wort (im Singular: Einzahl) gefunden werden, das sich exakt aus den genau neun vorgegebenen Buchstaben zusammensetzen lässt.

a)

T	L	N
K	M	S
A	E	A

b)

L	N	T
E	R	A
L	H	U

c)

D	C	E
S	N	U
A	H	K

d)

H	F	P
N	U	O
S	A	E

Bearbeitungszeit: 20 Minuten

Lösungen

A)   Sprachliche Intelligenz: Welches Wort passt nicht?

1. Fußball   (keine Wassersportart)
2. Tokio   (keine deutsche Stadt)
3. Skat   (kein Brettspiel)
4. Orgel   (kein Blasinstrument)
5. Haare   (kein inneres Organ)
6. Tomate   (keine Süßigkeit)
7. Meerschweinchen   (kein Raubtier)
8. Wohnzimmer   (kein schulischer Ort)

B)   Sprachliche Intelligenz: Gleiche Wortbedeutung?

9. groß
10. bockig
11. zügig
12. ausharren
13. fehlschlagen
14. zerquetschen
15. dreckig
16. unredlich

C)   Sprachliche Intelligenz: Buchstabensalat

17.   Butterbrot
18.   Turnhalle
19.   Klassenraum
20.   Federmappe
21.   Smartphone
22.   Lesestunde

23. Nachhilfe
24. Ausflug
25. Pausengong
26. Hausaufgabe

D) Sprachliche Intelligenz: Buchstabengruppen

27. OSVXZ — Bei allen anderen Kombinationen wird - beginnend mit einem Vokal – in Abständen von +5, +4, +3 +2 der jeweils folgende Buchstabe gebildet. Hier lauten die Abstände jedoch +4, +3 +2 +2,

28. DFLUZ — Bei allen anderen Kombinationen wechseln sich konsequent immer Konsonanten und Vokale miteinander ab.

29. NPRTU — Hier werden ausschließlich Buchstaben aus der zweiten Hälfte des Alphabets benutzt.

30. CFILO — Bei allen anderen Kombinationen sind alle Positionen der Buchstaben (z. B. B=2, D=4) ohne Rest durch 2 teilbar. Hier jedoch lauten die Positionen der Buchstaben 3 – 6 – 9 – 12 – 15 und somit nicht alle durch 2, sondern z. B. Durch 3 teilbar.

E) Sprachliche Intelligenz: Buchstabenreihen

31. i — Es wird der nächstfolgende Buchstabe in der Reihenfolge des Alphabets gesucht.

32. y — Beginnend beim Buchstabe „q" folgt in 2er Schritten der jeweils nächste Buchstabe.

33.	v	Es wird der jeweils einem Vokal unmittelbar nachfolgende Buchstabe gesucht.
34.	o	Beginnend beim Buchstabe „c" wird in 3er Schritten der folgende Buchstabe gesucht.
35.	w	Es werden der Reihe nach genau die Konsonanten ausgewählt, deren Lautsprache jeweils auf „e" endet (b – c – g – t – w).

F) Logisches Denken: Analogien

36. Monat
37. Märchengestalten
38. Zeitungsartikel
39. Lehrerin
40. Beine
41. Kleinstadt
42. Sprache
43. Pikbube

G) Logisches Denken: Schlussfolgerungen

44. C
45. B
46. Barbara
47. Max
48. Franz
49. 46
50. 4

H) Logisches Denken: Zahlenreihen ergänzen

51. Berechnungsschema: +8
    Gesuchte Zahl: 48
52. Berechnungsschema: *5
    Gesuchte Zahl: 3125
53. Berechnungsschema: +3, *2
    Gesuchte Zahl: 25
54. Berechnungsschema: *2, *3
    Gesuchte Zahl: 72
55. Berechnungsschema: +7, -4, *2
    Gesuchte Zahl: 22
56. Berechnungsschema: *3
    Gesuchte Zahl: 243
57. Berechnungsschema: :2
    Gesuchte Zahl: 128
58. Berechnungsschema: *4
    Gesuchte Zahl: 1024

I) Logisches Denken: Zahlmatrizen

59.	18	jeweils +3
60.	36	jeweils +12
61.	1024	jeweils durch 2 dividieren (teilen)
62.	20	jeweils +5
63.	85	jeweils +17

J) Logisches Denken: Wochentage

64. Mittwoch
65. Samstag
66. Samstag
67. Montag
68. Samstag

K)   Logisches Denken: Unmögliches erkennen

69.	d	12 / 5 = 2 Rest 2
70.	b	Um die Abiturprüfung ablegen zu dürfen, müsste das Mädchen zunächst ein Gymnasium (12. / 13. Klasse) erfolgreich absolviert haben.
71.	b	99 / 4 = 24 Rest 3
72.	c	Eisbären fehlen sowohl die Intelligenz, als auch die körperlichen Voraussetzungen, um ein so komplexes Gebilde wie ein Raumschiff bauen zu können.
73.	e	Ohne ein zusätzliches Sauerstoffgerät wäre kein Mensch dazu in der Lage so lange die Luft anzuhalten. Deshalb müsste jeder Mensch vor dem Ablauf einer Stunde erneut atmen. Das wäre jedoch unter Wasser unmöglich.

L)   Logisches Denken: Meinung oder Tatsache?

74.	Tatsache
75.	Tatsache
76.	Meinung
77.	Tatsache
78.	Tatsache
79.	Meinung
80.	Meinung
81.	Tatsache
82.	Tatsache
83.	Meinung

M) Mathematische Fähigkeiten: Kopfrechnen

84. 72
85. 1086
86. 735
87. 16
88. 149
89. 834
90. 664
91. 101
92. 9872
93. 462

N) Mathematische Fähigkeiten: Rechenzeichen einsetzen

94. /
95. -
96. * +
97. * -
98. + + + -
99. * - - *
100. + + + -
101. * - * *
102. / / / -

O) Beobachtungsgabe: Welches Zeichen ist anders in einer Reihe?

103. I
104. P
105. M
106. B
107. Ö

108.   L
109.   F
110.   N
111.   V

P)   Merkfähigkeit: Wörter einprägen, falsche Wörter identifizieren

112 a) 3. Spalte, Peking
112 b) Tierpflegerin
112 c) 2. Zeile, Froschkönig
112 d) Main, Düssel, Weser

113 a) Erde
113 b) orange
113 c) Kilogramm
113 d) OPEL
113 e) Sachsen
113 f) 1. Zeile, Bremen, BMW

114 a) 169
114 b) 29
114 c) 777, 333
114 d) 400
114 e) 71
114 f) 169, 180, 123
114 g) 169
114 h) 59

Q)   Merkfähigkeit: Begriffe merken

115 a) 5. Zeile
115 b) Nudeln
115 c) 4. Zeile

115 d) Dortmund
115 e) Brasilien
115 f) Astrophysik
115 g) Frankfurt
115 h) Informatik
115 i) grün, blau
115 j) Ostern

R) Merkfähigkeit: Adressen merken

116 a) Edwin Groll
116 b) 59 Jahre
116 c) Designerin
116 d) Waldstraße 3
116 e) Thomas Martens
116 f) 70200 Stuttgart
116 g) Tanja Sonseck
116 h) Susanne Mend
116 i) Sebnem Güklü
116 j) EDV-Dozent

S) Merkfähigkeit: Texte einprägen, anschließend Fragen beantworten

117 a) 11.11.2019
117 b) Tipler-Gymnasium
117 c) In einem Gebüsch des Schulhofs
117 d) Dr. Merkwürdig
117 e) Institut für außerirdisches Leben
117 f) Prof. Dr. Seltsam
117 g) Exolive
117 h) 84 SchülerInnen
117 i) Jeden ersten Samstag im Monat

117 j) Hannah Held, Iris Schlau

117 k) Informatikerin, Astrophysikerin

117 l) Frau Kreativ

T)   Interpretation von Statistiken

118 a) Ole

118 b) Mara, Tim

118 c) Hannah

118 d) Hochsprung

119 a) 2016

119 b) G

119 c) C, H

119 d) C

U)   Oberbegriffe finden

120.   Politiker   :   Robert Habeck
        Hauptstadt   :   Paris
        Fluss   :   Elbe
        Moderator   :   Kai Pflaume
        Kulinarische Spezialität   :   Nürnberger Lebkuchen
        Alkoholisches Getränk   :   Eierlikör
        Astrophysiker   :   Frank Tipler
        Sängerin   :   Lena
        Komponist   :   Beethoven
        Stadt in Holland   :   Rotterdam
        Gebirge   :   Himalaya
        Gasplanet   :   Jupiter
        Begriff aus dem Schachsport   :   Hängepartie
        Autorin   :   Astrid Lindgren

Backware	:	Croissant
Landeshauptstadt	:	München

121.

Naturforscher	:	Heinz Sielmann
Theologe	:	Wolfgang Huber
Fußballer	:	Manuel Neuer
Schachweltmeister	:	Magnus Carlsen
Edelstein	:	Diamant
Naturkatastrophe	:	Erdbeben
Rechenart	:	Division
Lexikon	:	Meyers
Wintersportort	:	Oberstdorf
Politikerin	:	Katja Kipping
Elektronisches Bauteil	:	Kondensator
Berühmter Gitarrist	:	Gary Moore
Stadt in Süddeutschland	:	Augsburg
Baumart	:	Trauerweide
Destruktives Gefühl	:	Missgunst
Weinsorte	:	Merlot
Berühmter Maler	:	Rembrandt
Tageszeitung	:	der Freitag („der" wird absichtlich in Kleinbuchstaben geschrieben)
Rechenhilfsmittel	:	Abakus
Ort an der Mosel	:	Cochem
Schrifttyp	:	Arial

V)   Passende Begriffe finden

122.   Hamburg – Duisburg – Bremen – Leipzig – Stuttgart
       Gelsenkirchen – Nürnberg – Düsseldorf – Dortmund – Köln
       Berlin – Bonn – Rostock – Freiburg – Münster – Mainz
       Frankfurt - Mannheim

123.   1   : 1 * 1 * 1   kurz: 1^3
       8   : 2 * 2 * 2   kurz: 2^3
       27   : 3 * 3 * 3   kurz: 3^3
       64   : 4 * 4 * 4   kurz: 4^3
       125   : 5 * 5 * 5   kurz: 5^3
       216   : 6 * 6 * 6   kurz: 6^3
       343   : 7 * 7 * 7   kurz: 7^3
       512   : 8 * 8 * 8   kurz: 8^3
       729   : 9 * 9 * 9   kurz: 9^3
       1000   : 10 * 10 * 10   kurz: 10^3

W)   Schnell Wörter finden

124.   Hier ist die jeweilige Lösung selbsterklärend.

X)   Sinnlose Silben

125.   dfg – ukk - tzt – ppl – nmn – qqk – rnz – hjk – xxc - njj

Y)   Merkfähigkeit

126.   a)   Ronaldo, Ribéry
       b)   Silber, Schwefel, Stickstoff
       c)   Kakao

d) Mars, Merkur
e) Architekt
f) Habeck
g) Mammutbaum, Pappel, Tanne
h) Langer, Ribéry
i) Silber, Bor
j) Erle

Z) Buchstabenrätsel

127 a) Malkasten
b) Turnhalle
c) Sachkunde
d) Pausenhof

Punkteverteilung

1	:	1	51	:	2	86 a	:	1
2	:	1	52	:	2	86 b	:	1
3	:	1	53	:	2	86 c	:	1
4	:	1	54	:	2	86 d	:	1
5	:	1	55	:	3	86 e	:	1
6	:	1	56	:	3	86 f	:	1
7	:	1	57	:	3	86 g	:	1
8	:	1	58	:	3	86 h	:	1
9	:	1	59	:	2	86 i	:	1
10	:	1	60	:	2	86 j	:	1
11	:	1	61	:	2	87 a	:	1
12	:	1	62	:	2	87 b	:	1
13	:	1	63	:	2	87 c	:	1
14	:	1	64	:	2	87 d	:	1
15	:	1	65	:	2	87 e	:	1
16	:	1	66	:	2	87 f	:	1
17	:	1	67	:	2	87 g	:	1
18	:	1	68	:	2	87 h	:	1
19	:	1	69	:	2	87 i	:	1
20	:	1	70	:	2	87 j	:	1
21	:	1	71	:	2	88 a	:	1
22	:	1	72	:	2	88 b	:	1
23	:	1	73	:	2	87 c	:	1
24	:	1	74	:	1	87 d	:	1
25	:	1	75	:	1	87 e	:	1
26	:	1	76	:	1	87 f	:	1
27	:	2	77	:	1	87 g	:	1
28	:	2	78	:	1	87 h	:	1
29	:	2	79	:	1	87 i	:	1
30	:	2	80	:	1	87 j	:	1
31	:	2	81	:	1	87 k	:	1
32	:	2	82	:	1	87 l	:	1

33	:	2	83	:	1	101	:	3
34	:	2	84	:	1	102	:	3
35	:	2	85	:	1	103	:	1
36	:	2	86	:	1	104	:	1
37	:	2	87	:	2	105	:	1
38	:	2	88	:	2	106	:	1
39	:	2	89	:	2	107	:	1
40	:	2	90	:	3	108	:	1
41	:	2	91	:	3	109	:	1
42	:	2	92	:	3	110	:	1
43	:	2	93	:	3	111	:	1
44	:	3	94	:	3	112 a	:	2
45	:	3	95	:	3	112 b	:	2
46	:	3	96	:	3	112 c	:	2
47	:	3	97	:	3	112 d	:	2
48	:	3	98	:	3	113 a	:	2
49	:	3	99	:	3	113 b	:	2
50	:	3	100	:	3	113 c	:	2

113 d	:	2	115 e	:	2	116 j	:	2
113 e	:	2	115 f	:	2	117 a	:	2
113 f	:	2	115 g	:	2	117 b	:	2
114 a	:	2	115 h	:	2	117 c	:	2
114 b	:	2	115 i	:	2	117 d	:	2
114 c	:	2	115 j	:	2	117 e	:	2
114 d	:	2	116 a	:	2	117 f	:	2
114 e	:	2	116 b	:	2	117 g	:	2
114 f	:	2	116 c	:	2	117 h	:	2
114 g	:	2	116 d	:	2	117 i	:	2
114 h	:	2	116 e	:	2	117 j	:	2
115 a	:	2	116 f	:	2	117 k	:	2
115 b	:	2	116 g	:	2	117 l	:	2
115 c	:	2	116 h	:	2	118 a	:	2
115 d	:	2	116 i	:	2	118 b	:	2

118 c	:	2
118 d	:	2
119 a	:	2
119 b	:	2
119 c	:	2
119 d	:	2
120	:	Je richtige Zuordnung 1 Punkt (insgesamt 16 Punkte)
121	:	Je richtige Zuordnung 1 Punkt (insgesamt 21 Punkte)
122	:	Für jede richtig erkannte deutsche Stadt gibt es 1 Punkt. Insgesamt also 18 Punkte. Für jede falsch genannte Stadt wird 1 Punkt abgezogen.
123	:	Für jede korrekte Kubikzahl gibt es 1 Punkt. Insgesamt demnach 10 Punkte. Für jede falsche Kubikzahl wird 1 Punkt abgezogen.

124 a :

0 – 3 Wörter	:	1 Punkt
4 – 6 Wörter	:	2 Punkte
7 – 9 Wörter	:	3 Punkte
>= 10 Wörter	:	4 Punkte

124 b :

0 – 3 Wörter	:	1 Punkt
4 – 6 Wörter	:	2 Punkte
7 – 9 Wörter	:	3 Punkte
>= 10 Wörter	:	4 Punkte

124 c :

0 – 3 Wörter	:	1 Punkt
4 – 6 Wörter	:	2 Punkte
7 – 9 Wörter	:	3 Punkte
>= 10 Wörter	:	4 Punkte

125	:	Je richtig markierte Silbe 2 Punkte (Insgesamt 20 Punkte). Für jede falsch markierte Silbe werden 2 Punkte abgezogen.
126 a-j	:	Je 2 Punkte. (Insgesamt 20 Punkte)
127	:	Für jedes vollständig korrekt gelöste Wort gibt es 10 Punkte; insgesamt also 40 Punkte.

Auswertung

Wie schon zuvor erwähnt, handelt es sich bei dem hier vorliegenden IQ-Test nicht um einen solchen, der unter wissenschaftlichen Aspekten erstellt wurde, sondern vielmehr um einen solchen, der dir die Gelegenheit geben sollte, möglichst typische Testaufgaben aus klassischen Bereichen (Logik, Sprache, Gedächtnis usw.) trainieren zu können.

Aus diesem Grund wird hier auch bewusst darauf verzichtet, konkrete IQ-Werte zu nennen. Voraussetzung dafür wäre eine wissenschaftlich gesicherte sowie statistisch-signifikante Kontrollgruppe, die hier jedoch nicht Gegenstand dieses IQ-Tests gewesen ist.

Von daher werden hier absichtlich nur grobe Orientierungsmarken genannt, so dass du dich mit anderen Kindern, die diesen IQ-Test unter vergleichbaren Bedingungen durchführen, vergleichen kannst.

Unabhängig davon, wie dein konkretes Testergebnis hier ausgefallen ist, solltest du bitte niemals vergessen, dass der hier ermittelte Testwert nichts über deine Qualitäten als Mensch aussagt. Neben verschiedenen intellektuellen Fähigkeiten, die sich mit klassischen Tests messen lassen, gibt es viele höchst wichtige und wertvolle Werte, die einen Menschen auszeichnen. Bitte vergiss das nicht, falls dein Testergebnis hier nicht so gut ausgefallen sein sollte, wie du es dir vielleicht erhofft hast.

495 – 503	:	Herausragendes Ergebnis
476 – 494	:	Sehr gutes Ergebnis
440 – 475	:	Ergebnis im oberen Mittelfeld
350 – 439	:	Durchschnittliches Ergebnis
300 – 349	:	Leicht unterdurchschnittliches Ergebnis
220 – 299	:	Ausbaufähiges Ergebnis
170 – 219	:	Relativ schwaches Ergebnis
100 – 169	:	Sehr schwaches Ergebnis
0 – 99	:	Extrem schwaches Ergebnis

Abschließende Empfehlung:

Bitte bedenke, dass sich derartige IQ-Testaufgaben innerhalb eines gewissen Leistungsrahmens trainieren lassen. Je häufiger du Testaufgaben solcher Art übst, desto besser werden perspektivisch deine Testergebnisse ausfallen.

Von daher solltest du dein hier ermitteltes Testergebnis bitte nur als eine Momentaufnahme betrachten, die nicht für alle Zeiten „in Stein gemeißelt ist".

Ich wünsche dir viel Freude sowie viel Erfolg bei deinem persönlichen IQ-Test!

Düsseldorf, im Frühjahr 2020

Kontakt zum Autor:

Psychologische Beratung & Lerncoaching, Aribert Böhme
Psychologischer Berater (SGD-Dipl.) & Lerncoaching
DV-Kfm. & EDV-Dozent & Autor
Mitglied im Who-is-Who Deutschland & Europa
E-Mail: Psychologische_Beratung_Boehme@gmx.de
Internet: www.aribertboehme.de

Notizen

Notizen

Buchempfehlungen:

Denkanstöße 2018
52 Denkimpulse für 52 Wochen Deines Lebens
Aribert Böhme
ISBN-13: 9783746027579
Erhältlich als Buch und als eBook.

Gedichte & Interpretationen in Symbiose
Denkimpulse für wachsame Geister
Aribert Böhme & Raimundo Germandi
ISBN-13: 9783752832143
Erhältlich als Buch und als eBook.

Begleitende Videoliste zum Buch:
http://www.aribertboehme.de/Videoliste_2018.pdf

Siehe bitte auch folgende Internetseite:
Raimundo Germandi (Dichter & Denker)
http://raimundo-germandi.de/

Bildungsnotstand und Erziehungsdefizite in Deutschland
Das Zeitalter des Digitalisierungswahns
Aribert Böhme
ISBN-13: 9783749451661
Erhältlich als Buch und als eBook.

Kontakt zum Autor:

Psychologische Beratung, Aribert Böhme

Psychologischer Berater (SGD-Dipl.) & Lerncoach

DV-Kfm. & EDV-Dozent & Autor

Mitglied im Who-is-Who Deutschland & Europa

E-Mail: Psychologische_Beratung_Boehme@gmx.de

Internet: www.aribertboehme.de